SITZUNGSBERICHTE DER SÄCHSISCHEN AKADEMIE
DER WISSENSCHAFTEN ZU LEIPZIG

Philologisch-historische Klasse
Band 130 · Heft 3

ROLF LIEBERWIRTH

DAS PRIVILEG DES ERZBISCHOFS WICHMANN UND DAS MAGDEBURGER RECHT

AKADEMIE-VERLAG · BERLIN
1990

SITZUNGSBERICHTE DER SÄCHSISCHEN AKADEMIE DER WISSENSCHAFTEN ZU LEIPZIG

PHILOLOGISCH-HISTORISCHE KLASSE

Band 121

Heft 1 Prof. Dr. KARL CZOK, Vorstädte. Zu ihrer Entstehung, Wirtschaft und Sozialentwicklung in der älteren deutschen Stadtgeschichte 1979. 28 Seiten – 8° – M 3,–
Heft 2 Prof. Dr. HANS-JOACHIM DIESNER, Politik und Ideologie im Westgotenreich von Toledo: Chindasvind 1979. 35 Seiten – 8° – M 4,50
Heft 3 Prof. Dr. JOACHIM MÜLLER, Die dramatische Funktion von Mephistos Monolog in Goethes „Faust" I: „Verachte nur Vernunft und Wissenschaft ..." (V. 1851–1867) 1980. 32 Seiten – 8° – M 3,–
Heft 4 Prof. Dr. Dr. KURT RUDOLPH, Antike Baptisten. Zu den Überlieferungen über frühjüdische und -christliche Taufsekten 1981. 40 Seiten – 8° – M 4,50
Heft 5 Prof. Dr. CLAUS TRÄGER, Lessing – Kritik und Historizität 1981. 34 Seiten – 8° – M 3,50
Heft 6 Prof. Dr. ALBRECHT NEUBERT, Zu einigen aktuellen Problemen der lexikalischen Semantik 1981. 20 Seiten – 8° – M 3,–

Band 122

Heft 1 Prof. Dr. JOACHIM MÜLLER, Der vierte Akt im Zweiten Teil von Goethes „Faust". Aktion und Bezüge 1981. 26 Seiten – 8° – M 3,–
Heft 2 Prof. Dr. GERHARD DUDEK, Lew Tolstoi – Künstlerische Entdeckung und ästhetische Herausforderung 1981. 20 Seiten – 8° – M 3,–
Heft 3 Prof. Dr. ZSIGMOND TELEGDI, Ein Beitrag zur Lehre vom sprachlichen Zeichen 1981. 36 Seiten – 8° – M 4,50
Heft 4 Prof. Dr. ROLF LIEBERWIRTH, Eike von Repchow und der Sachsenspiegel 1982. 50 Seiten – 8° – M 5,–
Heft 5 Prof. Dr. ERNST EICHLER, Ergebnisse der Namenforschung im deutsch-slawischen Raum 1982. 48 Seiten – 8° – M 4,50
Heft 6 Prof. Dr. SIEGFRIED WOLLGAST, Die Philosophie in Deutschland von der Reformation bis zur Aufklärung – Hauptetappen und Tendenzen 1982. 59 Seiten – 8° – M 6,–

Band 123

Heft 1 Prof. Dr. EBERHARD BRÜNING, Sinclair Lewis und die endgültige Emanzipation der amerikanischen Literatur 1982. 25 Seiten – 8° – M 3,50
Heft 2 Prof. Dr. ERNST WERNER, Sultan Mehmed der Eroberer und die Epochenwende im 15. Jahrhundert 1982. 71 Seiten – 8° – M 7,50
Heft 3 Prof. Dr. WERNER NEUMANN, Über das funktionale Wechselverhältnis von Vokalität und Instrumentalität als kompositionstechnisches Grundphänomen 1982. 30 Seiten – 8° – M 4,–
Heft 4 Prof. Dr. KARL CZOK, Über Traditionen sächsischer Landesgeschichte 1983. 44 Seiten – 31 Tafeln – 8° – M 8,–
Heft 5 Prof. Dr. Dr. KURT RUDOLPH, Wellhausen als Arabist 1983. 57 Seiten – 8° – M 6,–
Heft 6 Prof. Dr. TERENCE FREDERICK MITCHELL, Soziolinguistische und stilistische Aspekte des gesprochenen Arabisch der Gebildeten (Educated Spoken Arabic) in Ägypten und der Levante 1984. 22 Seiten – 8° – M 4,–

Band 124

Heft 1 Prof. Dr. HANS HIEBSCH, Dr. RENATE HASCHKE, Methodologische Probleme der Psychophysiologie bei der Systemanalyse menschlicher Handlungen 1984. 26 Seiten – 11 Abbildungen – 8° – M 3,–
Heft 2 Prof. Dr. ALBRECHT NEUBERT, Diskurs über den Diskurs Neue Denkanstöße in der Sprachwissenschaft oder Zur Gegenstandsbestimmung der Linguistik 1983. 16 Seiten – 8° – M 3,–
Heft 3 Prof. Dr. WERNER BAHNER, Kontinuität und Diskontinuität in der Herausbildung der romanischen Sprachwissenschaft 1983. 40 Seiten – 8° – M 4,50
Heft 4 Prof. Dr. RUDOLF RŮŽIČKA, Sprachwissenschaft und Sprachkunst. Ein Beispiel: Die Metapher 1983. 44 Seiten – 8° – M 5,–
Heft 5 Prof. Dr. JOACHIM MÜLLER, Das Alte und das Neue. Historische und politische Realität in Theodor Fontanes Roman „Der Stechlin" 1983. 34 Seiten – 8° – M 5,–
Heft 6 Prof. Dr. KARL CZOK, Karl Lamprechts Wirken an der Universität Leipzig 1984. 30 Seiten – 1 Abbildung – 8° – M 4,–

SITZUNGSBERICHTE DER SÄCHSISCHEN AKADEMIE
DER WISSENSCHAFTEN ZU LEIPZIG

Philologisch-historische Klasse
Band 130 · Heft 3

ROLF LIEBERWIRTH

DAS PRIVILEG DES ERZBISCHOFS WICHMANN UND DAS MAGDEBURGER RECHT

AKADEMIE-VERLAG BERLIN
1990

Vorgetragen in der Sitzung am 14. Oktober 1988
Manuskript eingereicht am 1. März 1989
Druckfertig erklärt am 2. Dezember 1989

ISBN 3-05-001042-8
ISSN 0138-3957

Erschienen im Akademie-Verlag, Leipziger Str. 3–4, Berlin, DDR - 1086

Lizenznummer: 100/90
Printed in the German Democratic Republic
Gesamtherstellung: IV/2/14 VEB Druckerei „Gottfried Wilhelm Leibniz“,
4450 Gräfenhainichen · 7409
LSV 0415
Bestellnummer: 755 196 9 (2026/130/3)

00400

I.

Im Jahre 1188 erteilte Erzbischof Wichmann in der Eigenschaft als Stadtherr von Magdeburg seiner damals schon bedeutenden Metropole ein Privileg zu ihrem Recht.[1] Diese vor 800 Jahren ausgefertigte Urkunde war für die Entwicklung und Verbreitung des später so berühmten Magdeburger Rechts von großer Bedeutung, wenn es auch übertrieben erscheint, ja, unkorrekt ist, im Wichmannschen Privileg gewissermaßen die Geburtsurkunde des Stadtrechts von Magdeburg zu sehen.[2] Es handelt sich auch keineswegs um die erste schriftliche Fixierung des Magdeburger Rechts in seiner Gesamtheit,[3] die niemals erfolgt ist, sondern einfach um eine notwendig gewordene Korrektur, um eine Milderung einzelner Bestimmungen seines damaligen Beweisverfahrens. Um 1188 war das Recht Magdeburgs schon so bekannt, daß es in den zeitgenössischen und bereits sogar in älteren Urkunden als feststehender Begriff benutzt wurde,[4] obwohl es noch gar nicht aufgezeichnet und damit

1 Urkundenbuch des Erzstifts Magdeburg, Teil I (937–1192) (= Geschichtsquellen der Provinz Sachsen und des Freistaates Anhalt, Neue Reihe, Band 18), bearbeitet von Friedrich Israel unter Mitwirkung von Walter Möllenberg, Magdeburg 1937 (UBEM), Nr. 421. Urkundenbuch der Stadt Magdeburg, Erster Band, bearbeitet von Gustav Hertel, Halle 1892 (UBM) Nr. 59. Zur Stadtgeschichte: Geschichte der Stadt Magdeburg, von einem Autorenkollektiv unter der Leitung von Helmut Asmus, Berlin 1975, darin: Erika Uitz, Das Werden der feudalen Stadt und der Kampf der Bürger um ein fortschrittliches Stadtregiment. 800 bis Ende des 15. Jahrhunderts., S. 19–65.

2 So z. B. Fritz Markmann, Zur Geschichte des Magdeburger Rechts, Stuttgart/Berlin 1938, S. 19 und Walter Maas, Mittelalterliche deutschrechtliche Orte des Posener Landes und der östlichen Nachbargebiete, in: Zeitschrift für Ostforschung 23 (1974), S. 59.

3 Darauf machte schon Jürgen Weitzel aufmerksam (Der Rechtsbegriff der Magdeburger Schöffen, in: Studien zur Geschichte des Sächsisch-magdeburgischen Rechts in Deutschland und Polen, hrsg. von Dietmar Willoweit und Winfried Schich, Frankfurt/Bern/Cirencester 1980, S. 66).

4 Winfried Schich, Die slawische Burgstadt, in: Studien (Anm. 3), S. 36.

einem größerem Interessentenkreis zugänglich gewesen war, was einfach daran liegt, daß damals nur die mündliche Rechtsüberlieferung die notwendigen Einzelheiten bot, welche die schriftlichen Quellen noch lange vermissen lassen. Darauf ist es auch zurückzuführen, daß der modernen Wissenschaft der Inhalt des Magdeburger Rechts, wie er sich um die Mitte des 12. Jahrhunderts und erst recht ein Jahrhundert vorher darstellt, immer noch im Dunkeln geblieben ist, was im übrigen auch auf die meisten anderen Stadtrechte zutrifft, deren früheste Aufzeichnung erst ab 1227 und dann auch sehr spärlich einsetzt.[5] Für Magdeburg erlaubt uns schon das Privileg von 1188 einen vorerst nur sehr kurzen, aber instruktiven Einblick in einige Prozeßregeln, die sich vermutlich bereits 200 Jahre zuvor oder wenigstens innerhalb dieses Zeitraums herausgebildet haben müssen und nun mehr nachweisbar reformiert wurden. Mit diesem Wenigen müssen wir uns zunächst begnügen.

II.

Wann und wie das Magdeburger Recht entstanden ist, darüber geben die ortsbezogenen Quellen keine befriedigende Auskunft. Erst eine Untersuchung und Verwertung aller Quellen, die sich speziell auf die Bedingungen für die Herausbildung von Marktsiedlungen und dann von Städten im noch jungen deutschen Feudalstaat beziehen, erlaubt einige Rückschlüsse auch auf Magdeburg,[6] ohne daß dabei bis in die Siedlungsanfänge zurückgegangen werden muß. Es genügt die Feststellung, daß Magdeburg zwar schon im 9. Jahrhundert eine nicht unbedeutende Rolle als Umschlagplatz im Grenzhandel mit den Slawen gespielt hatte, aber gegenüber ähnlichen Handelsplätzen zunächst keineswegs herausragte. Immerhin sollten in der deutschen Stadtentwicklung ganz allgemein noch drei Jahrhunderte vergehen, ehe der Zeitpunkt erreicht war, zu dem sich aus vielfätig zusammengesetzen Bewohnergruppen schon städtischer oder erst noch stadtähnlicher Siedlungen eine eigenständige Bürgergemeinde herausgebildet hatte, die dann sehr bald

Dietrich Claude, Geschichte des Erzbistums Magdeburg bis in das 12. Jahrhundert (= Mitteldeutsche Forschungen 67), T. II, Köln/Wien 1975, S. 129.

5 Braunschweig (Ottonianum) 1227; Hamburg (ordeelbook) 1270; Ausgburg 1276/1281; Hildesheim 1300; Bremen 1303/1308; Lüneburg 1401; Köln 1437; Straßburg 13./14. Jh.; Dortmund 14./15. Jh. Vgl Hermann Conrad, Deutsche Rechtsgeschichte, 2. Aufl., 1. Band, Karlsruhe 1962, S. 356.

6 Berent Schwineköper, Magdeburg, in: Handwörterbuch zur deutschen Rechtsgeschichte (HRG), Bd. III, Sp. 129 ff.

auch durch eigene Organe Regierungs- und Verwaltungsfunktionen, Gerichtsbarkeit und Rechtsetzung ausübte.[7]

Eine wichtige Zwischenstation auf diesem Wege war die Erteilung königlicher Marktprivilegien, die zwar nicht die Vorbedingung jeglichen Handels waren, aber eben doch die Möglichkeit für einen größeren Austausch der steigenden Überschüsse aus der grundherrlichen Produktion eröffneten. Die Einrichtung wöchentlicher und jährlicher Markttage an bestimmten Orten, terminlich mit hohen Kirchenfesten für den jeweiligen Kirchenpatron verbunden, boten besonders dem auswärtigen Händler Gelegenheit, seine Geschäfte planvoller und bei dem inzwischen größer gewordenen Interessentenkreis gewinnbringender abzuwickeln. Mit dem Markt waren sehr häufig Zoll und Münze verknüpft, die den Markt zwar abgabepflichtig machten, aber auch Aufsicht und Ordnung garantierten. Marktort und Marktbesucher standen unter Königsbann, d. h. unter dem Schutz eines besonderen Friedens, dessen Verletzung mit 60 Schillingen gebüßt werden mußte. Mit dem Markt stand ein kleiner, festumrissener Bezirk unter besonderem Recht, womit ein erster Ansatzpunkt für die Herausbildung des späteren Stadtrechts gegeben war.[8]

Nicht nur bestimmte Orte erhielten für die Durchführung des Handels königliche Privilegien sondern ganz speziell auch die Träger des Handels: die Kaufleute. Anfangs stand jeder einzelne Kaufmann unter königlichem Schutz und war mit entsprechenden Vorrechten ausgestattet, die ihm gegen eine, manchmal nicht unerhebliche Gebühr schriftlich zugesichert waren. Seit Mitte des 10. Jahrhunderts trat jedoch insofern eine entscheidende Änderung ein, als jetzt die Kaufmannschaft eines Ortes insgesamt das Privileg erhielt, was darauf hindeutet, daß sie inzwischen organisiert war. Die ihr gewährten Vorrechte sicherten ungehinderten Handel und weitgehende Zollfreiheit innerhalb des Reiches zu, daneben auch die Anerkennung ihres speziellen Gewohnheitsrechts und die Bestätigung ihrer Verbandsfähigkeit.[9] Nach dem Muster einer Kaufmannschaft wurden nicht selten auch andere privilegiert. So gestattete König Heinrich III. in einer Urkunde vom 25. Juli 1040 den Kaufleuten zu Quedlinburg, nach demselben Recht zu leben wie die von Goslar und von Magdeburg.[10]

Der Zusammenschluß der Kaufleute zu einer eigenen, ortsgebundenen

7 Gerhard Dilcher, Die mittelalterliche deutsche Stadt in ihrer Heraushebung aus der grundherrlich-agrarischen Welt des Hochmittelalters, in: Sozialwissenschaften im Studium des Rechts, Bd. IV: Rechtsgeschichte, München 1978, S. 97.

8 R. Sprandel, Markt, in: HRG III, Sp. 324 ff.

9 Pirmin Spieß, Kaufmannsgilde, in: HRG II, Sp. 687 ff.

10 UBM, Nr. 21.

Organisation, zur Kaufmannsgilde, ließ auch eine innere Ordnung dieses Verbandes entstehen, der alle Mitglieder unterworfen waren, nach der auch Streitigkeiten untereinander geregelt wurden und nicht mehr nach dem für alle geltenden Landrecht. Diese durch private Vereinbarung, durch Willkür, hervorgebrachten Regeln sind bald mit dem schon älteren Gewohnheitsrecht der Kaufleute, mit dem *ius mercator(i)um* verschmolzen, das ebenfalls in die Kaufmannsgilde Eingang gefunden hat.[11] Dieses Kaufmannsrecht ist erstmals in einer Urkunde wiederum für Quedlinburg vom 23. November 994 erwähnt, in der König Otto III. die Errichtung eines Marktes bewilligte und dem Stadtherrn die Befugnis erteilte, nach Kaufmannsrecht wie in Köln, Mainz und Magdeburg zu verfahren.[12]

Die Besonderheiten des *ius mercator(i)um*[13] bestanden einmal in Beweiserleichterungen. So waren Kaufleute vom gerichtlichen Zweikampf befreit und brauchten sich auch nicht einem Gottesurteil zu unterwerfen. Sie konnten sich durch Eineid entlasten. Das trug alles wesentlich dazu bei, daß die Kaufleute auf ihren Handelsreisen bei immer möglichen Rechtsstreitigkeiten nicht durch umständliche Beweisverfahren aufgehalten wurden. Ihnen wurde ferner die Zins- und Verfügungsfreiheit über Grundstücke zugebilligt. Sie erwarben Grundstücke zu freier Erbleihe. Der relativ niedrige Bodenzins wurde ihnen nicht selten ganz erlassen, und sie konnten über diese Grundstücke frei verfügen. Diese Erleichterungen versetzten die Kaufleute in die Lage, ihre wirtschaftliche Tätigkeit bedeutend günstiger zu gestalten als bisher, was wiederum den gesamten Handel belebte. Schließlich muß noch erwähnt werden, daß die Güter der Kaufleute vor dem Strand- und vor dem Grundruhrrecht geschützt waren.

Kaufmannsrecht, das personale Recht der Kaufleute, einerseits und Marktrecht, das Sonderrecht für einen begrenzten Bezirk, andererseits bildeten die entscheidenden Wurzeln für das sich entwickelnde Stadtrecht, das über den Kreis der Kaufleute hinaus für alle in der Stadt Lebenden zuständig werden sollte, wobei es auf der Hand liegt, daß nur die allgemein interessierenden und nicht alle Regeln des Kaufmannsrechtes im späteren Stadtrecht Aufnahme fanden.

III.

Die generellen Merkmale für die mittelalterliche deutsche Stadtentwicklung treffen im wesentlichen auch auf Magdeburg zu. Die offensichtlich in der Praxis bewährten Regeln dieser Handelsmetropole dienten, wie gezeigt,

11 Spieß, (Anm. 9), Sp. 691 f.
12 DOIII, Nr. 155. 13 Spieß a.a. O.

sogar schon früh als Muster für andere Marktsiedlungen, was insofern nicht verwundert, als Magdeburg unter den Ottonen, besonders unter Otto I. von einem durchaus nicht unbedeutenden Umschlagplatz im Grenzhandel mit den Slawen zur bevorzugten königlichen Pfalz und zu einem politisch wichtigen Kirchenzentrum aufgestiegen war. Die zahlenmäßig gewachsene und relativ anspruchsvolle Konsumentenschicht innerhalb der Stadt weckte bald das besondere Interesse der Kaufleute, die sich nicht mehr wie bisher nur vorübergehend in Magdeburg aufhielten, sondern jetzt dort auch ihren Wohnsitz nahmen und diesem Ort fortan das Gepräge gaben. Damit waren wesentliche Ansätze für eine städtische Siedlung vorhanden, die sich höchstwahrscheinlich zwischen 937 und 968 herauszubilden begann.[14]

Die entscheidenden rechtlichen Grundlagen schufen die ottonischen Privilegien, die mit der Gründungsurkunde für das Benediktinerkloster St. Mauritius in der *civitas*, in der Burganlage Magdeburg vom 21. September 937 ihren Anfang nahmen.[15] Der Kongregation dieses Klosters, deren Mitglieder zum größten Teil dem Kloster St. Maximin in Trier entstammten, wurde Königsschutz und Immunität verliehen, wenige Tage später auch der Zoll in Magdeburg.[16] Durch zahlreiche Schenkungen von Wirtschaftsgütern, größeren und kleineren Siedlungen und sogar ganzen Landschaften sowie von einträglichen Rechten[17] baute Otto I. in den folgenden Jahren sein Lieblingskloster systematisch zur Keimzelle des späteren Erzbistums Magdeburg aus, dessen Errichtung Papst Johannes XII. am 12. Februar 962 schon gestattet hatte,[18] das aber aufgrund der Opposition Erzbischof Wilhelms von Mainz und Bischof Bernhards von Halberstadt, zu deren Kirchenprovinz bzw. Diözesangebiet Magdeburg bisher gehörte, erst nach ihrem Tode von Papst Johannes XIII. im Oktober 968 offiziell in Funktion gesetzt wurde. Das Moritzkloster wurde also in einen Erzbischofssitz umgewandelt, so daß seine Kirche unter Beibehaltung des Schutzpatrons zur Kathedralkirche auf-

14 Fritz Rörig, Magdeburgs Entstehung und die ältere Handelsgeschichte (= Deutsche Akademie der Wissenschaften zu Berlin, Vorträge und Schriften, Heft 49), Berlin 1952, S. 33.

15 DOI, Nr. 14.

16 Nr. 15.

17 DOI, Nr. 16, 41, 43, 63, 74, 79, 97, 159, 165, 181, 187, 205, 214, 216, 222, 230, 231, 232, 278, 281, 282, 293, 295, 296, 298, 299, 303, 304, 305, 306, 312, 329, 331, 332, 333, 345, 361, 362, 363, 365; die Schenkungen gingen nach Errichtung des Erzbistums weiter: Nr. 377, 382, 385, 386, 404. In diesem Zusammenhang sind auch die Bestätigungen der väterlichen Schenkungen Ottos II. zu nennen: DOII, Nr. 12, 18, 29, 30, 31, 32, 79, 82, 86, 92, 93, 112, 118. Insgesamt sind etwa 60 Schenkungen zu verzeichnen.

18 UBEM, Nr. 28.

stieg. Die Unterkunft der Mönche wurde in das *suburbium* verlegt und erhielt mit St. Johannis einen neuen Schutzpatron. Das Johanniskloster, später meist Kloster Berge genannt, lag südlich des Domes. Somit sind 968 zwei Rechtsakte vorgenommen worden: die Umwandlung des Moritzklosters und die Neubegründung des Johannisklosters.[19]

Die neue Kirchenprovinz umfaßte die Suffraganbistümer Havelberg und Brandenburg sowie die Sorbenbistümer Merseburg, Zeitz (ab 1028 Naumburg) und Meißen. Zur Diözese Magdeburg gehörte das ehemals halberstädtische Gebiet mit der Bode als südlicher, der Ohre als nördlicher, der Saale-Elbe-Linie als östlicher und einer von Hillersleben südlich nach Hadmersleben verlaufenden Linie *(via Friderici)* als westlicher Grenze. Sie erstreckte sich ferner auf das Neusiedelgebiet zwischen dem Elbe-Saale-Winkel jeweils bis zur Einmündung der Elster, der Schwarzen bei Wittenberg und der Weißen in Halle, von wo die Grenze östlich bis Eilenburg, dann die Mulde abwärts bis Jeßnitz und von dort schließlich nordöstlich zur Elbe verlief. Die Diözese Magdeburg umschloß also östlich der Saale die ehemaligen Sorbengaue Serimunt, Nudzizi, Neletici und Nisici.[20] Am 18. Oktober 968 wurde der Lothringer Adalbert (von Magdeburg), der 962 kurze Zeit als „Bischof der Russen" in der Mission für Osteuropa, auch eine zeitlang als Abt des Klosters Weißenburg an der Lauter tätig gewesen war, zum ersten Erzbischof dieser neuen Kirchenprovinz berufen.[21]

Wie schon das Moritzkloster war in noch höherem Maße das Erzbistum für die Christianisierung der Slawen zwischen Elbe und Oder bestimmt. Mit der damit verbundenen politischen Aufgabe waren schon 936 und 937 die Markgrafen Hermann Billung und Gero für den Bereich der unteren bzw. der mittleren Elbe betraut worden. In den Jahren bis zur Gründung des Erzbistums stieg die wirtschaftliche Bedeutung der Pfalz und Immunitätssiedlung Magdeburg ganz erheblich an, so daß nunmehr nicht nur Ansätze, sondern auch entscheidende Voraussetzungen für die Entwicklung zur Stadt gegeben waren.[22] Dabei liegen aber die Einzelheiten wie bei keiner anderen Stadt im Dunkeln.[23] Wiederum müssen die allgemeinen Erkenntnisse über die Stadtentwicklung in Deutschland, insbesondere die über Markt und Kaufmannschaft mit zu Rate gezogen werden.

19 Walter Schlesinger, Zur Geschichte der Magdeburger Königspfalz, in: Studien zur katholischen Bistums- und Klostergeschichte, Band 11, Leipzig 1968, S. 9 f.

20 Berent Schwineköper, Aus der Geschichte des Magdeburger Domkapitels, in: Beiträge zur Geschichte des Erzbistums Magdeburg, Leipzig 1968, S. 87–122, hier S. 89.

21 UBEM, Nr. 62.

22 Rörig, (Anm. 14), a. a. O.

23 Theodor Görlitz, Die Anfänge der Schöffen, Bürgermeister und Ratmannen zu Magdeburg, in: ZRG GermA 65 (1947), S. 70.

Die Diplome Ottos I. für das Magdeburger Moritzkloster weisen eine Reihe von Vorrechten zugunsten dieser kirchlichen Einrichtung aus. So wurde dem Kloster Königsschutz und Immunität verliehen, womit seine Besitzungen aus den bisher zuständigen Grafschaften, um Magdeburg aus der Grafschaft Billingshoh ausgegliedert und zu einem Sonderbezirk erklärt wurden, in dem der klösterliche Vogt anstelle des bisher zuständigen Grafen die Hochgerichtsbarkeit ausübte. Die Einsetzung eines weltlichen Vogtes war insofern sehr wichtig, als die Kirche, d. h. die Angehörigen des Klerus die Gerichtsbarkeit, insbesondere die über Leib und Leben nicht selber ausüben durften, wenn sie nicht der Irregularität (*irregularitas plenae lenitatis*, verantwortlich für den Tod eines Menschen) verfallen wollten. Die Irregularität wurde erst von Papst Bonifaz VIII. in den Jahren 1294 bis 1298 beseitigt.[24]

Zu den weiteren Vorrechten des Klosters gehörten Zoll und Münze.[25] Das Marktrecht war aber zunächst noch nicht verliehen worden. Daraus darf bei dem im allgemeinen sehr engen Zusammenhang zwischen Markt, Zoll und Münze[26] nicht so ohne weiteres geschlossen werden, daß in Magdeburg kein Markt vorhanden gewesen wäre. Es ist eher davon auszugehen, daß ein solcher bereits seit langem bestanden hatte, daß es Otto I. aber erst einmal dabei bewenden lassen wollte, dem Kloster nur den Nießbrauch an den Zöllen und an der Münze zu gewähren. Erst mit der Urkunde vom 9. Juli 965 wurden dem Moritzkloster Markt, Münze und Zoll zusammen verliehen (... *offerimus, transfundimus atque donamus* ...),[27] also etwas schon Bestehendes übertragen. Am selben Tage wurden in einer weiteren Urkunde[28] die Juden und alle anderen in Magdeburg wohnenden Kaufleute ebenfalls von der Gerichtsbarkeit der Grafen und anderer Richter ausgenommen und der des klösterlichen, später des erzbischöflichen Vogtes unterstellt. Da die Kaufleute, jüdische wie einheimische, nicht zur kirchlichen Grundherrschaft gehörten, wurde ihnen nicht nur ein eigener Gerichtsstand, sondern auch eine eigene Gerichtsstätte, die Gerichtslaube auf dem Altmark, zugebilligt. Es muß ferner davon ausgegangen werden, daß für dieses Gericht jetzt besondere Urteiler zuständig wurden, die gewissermaßen als die Vorgänger des späteren Schöffenkollegiums zu gelten haben. Aus allem erhellt, daß die Sonderstellung der Kaufleute in ihrem Personenverband, in ihrer gildeartigen Vereinigung, auch im rechtlichen Bereich Anerkennung gefunden hat.

24 Helmut Hillmann, Das Gericht als Ausdruck deutscher Kulturentwicklung im Mittelalter (= Deutschrechtliche Forschungen, 2. Heft), Stuttgart 1930, S. 68.

25 DOI, Nr. 14, 15, 46.

26 Schwineköper, (Anm. 6), Sp. 129 ff.

27 DOI, Nr, 301.

28 Nr. 300.

Der klösterliche bzw. erzbischöfliche Vogt war sogar für die sich außerhalb aufhaltenden Magdeburger Kaufleute zuständig. Ob daraus zu schließen ist, daß aus den königlichen Kaufleuten nunmehr erzbischöfliche geworden waren,[29] muß für diesen Zeitpunkt und in dieser Allgemeinheit bezweifelt werden, weil einerseits die Möglichkeit besteht, daß erzbischöfliche Hörige im Handel eingesetzt und in ihrer Stellung den anderen Kaufleuten gleichgesetzt waren, und weil andererseits Otto II., der am 4. Juli 973 alle der erzbischöflichen Kirche zu Magdeburg erteilten Privilegien bestätigt hatte,[30] zwei Jahre später am 26. Juni 975,[31] den Magdeburger Kaufleuten sogar die Zollfreiheit im Reich verliehen und sie von der Entrichtung jeder Abgabe, ausgenommen in Mainz, Köln, Tiel und Bardowieck, entbinden sollte. Dieses Privileg deutet doch wohl eher darauf hin, daß die Magdeburger Kaufmannschaft eine relativ starke Position einnahm, die nach den Angaben von Thietmar von Merseburg um 1000 mit den *optimi civitatis* an der Spitze schon genossenschaftlich organisiert war und die zugleich eine eigene kirchliche Gemeinde mit der ältesten in Deutschland nachweisbaren Kaufmannskirche bildete.[32]

Wenn für die Kaufmannschaft in ihrem Sonderbereich nunmehr der erzbischöfliche Vogt zuständig sein soll, so wird das durchaus ihren Interessen entsprochen haben, weil sie dann nach ihrem Recht, nach dem Kaufmannsrecht (*ius mercator(i)um*) behandelt werden konnten. Daß um diese Zeit ein so spezielles Recht schon anerkannt war, geht aus der schon erwähnten Urkunde Ottos III. von 994[33] hervor, nach der das Kaufmannsrecht (*ius mercator(i)um*) schon von seinen Vorgängern den Kaufleuten von Mainz, Köln und Magdeburg eingeräumt worden war. Wieder wird in einer Urkunde auf bestehendes Recht verwiesen, aber sein Inhalt bleibt uns nach wie vor verschlossen. Nur so viel wird deutlich, daß es sich mehr und mehr vom Recht des umliegenden Landes abzuheben begann. Die Kaufmannschaft als bedeutender Wirtschaftsfaktor formte sich innerhalb Magdeburgs nicht nur zu einer eigenen Kirchengemeinde sondern auch zu einer Rechtsgemeinschaft aus, in der eine kleine Gruppe von Urteilern zur Stabilisierung und zur Kontinuität ihres Rechts beitragen sollte.

Den wenigen, aber eindeutigen Nachrichten über die Existenz eines speziellen Magdeburger Rechts im 10. Jahrhundert können für die folgenden andert-

29 Berent Schwineköper, Die Anfänge Magdeburgs, in: Vorträge und Forschungen, Bd. IV, Konstanz 1958, S. 446.

30 DOII, Nr. 29.

31 Nr. 112.

32 Schwineköper, (Anm. 6), Sp. 130.

33 DOIII, Nr. 155.

halb Jahrhunderte kaum nennenswerte hinzugefügt werden, weil die Quellen noch spärlicher fließen als bisher. Es wäre nun aber verfehlt, aus dem Schweigen der Quellen auf einen Niedergang Magdeburgs nach dem großen Slawenaufstand ostwärts der mittleren Elbe im Jahre 983 zu schließen. Ohne Zweifel wirkte es sich nachteilig für diese Handelsstadt aus, daß rechtselbisch über ein Jahrhundert kein wirksamer deutscher Einfluß ausgeübt werden konnte. Doch die anfänglichen Rückschläge waren bald überwunden. Nach wie vor galten Magdeburger Markt, Zoll und Münze als Muster für andere Städte wie aus einer Formulierung in der Urkunde zur Marktrechtsverleihung für Halberstadt vom 4. Juli 989 hervorgeht.[34] Auch die erneuten Hinweise auf das Magdeburger Kaufmannsrecht in den Privilegien für Quedlinburg vom 27. September 1038,[35] vom 25. Juli 1040[36] und vom 25. April 1134[37] zeigen seine Vorbildwirkung. Unmittelbar auf Magdeburg bezogene Urkunden gab es im 11. Jahrhundert allerdings nur zwei. So wurde den Magdeburger Kaufleuten im Jahre 1025 erneut die Zollbefreiung im Reich bestätigt,[38] und im Jahre 1035 wurden alle nach Magdeburg zum Jahrmarkt – vermutlich zum Mauritiusfest am 22. September – kommenden Reisenden unter Königsschutz gestellt.[39]

Zusammenfassend kann man wohl feststellen, daß trotz mancher Ausfälle im Handel mit den Obotriten und Lutizen vieles für eine im wesentlichen unverminderte Bedeutung der Stadt Magdeburg spricht. Schließlich kann der Bau der neuen Stiftskirchen St. Sebastian und St. Marien am Anfang des 11. Jahrhunderts[40] ebenfalls als Beweis für Magdeburgs anerkannte Stellung als Handelsstadt gelten.

Obwohl nur wenige Nachrichten über die Entwicklung Magdeburgs vorgelegen haben, schließt dieses quellenarme Jahrhundert doch mit einem für die Verfassungsgeschichte der Stadt wichtigen Zeugnis ab. In einer Urkunde des Jahres 1100 wird der militärische Befehlshaber der Stadt, der Burggraf, auch als erzbischöflicher Vogt bezeichnet sowie ein Schultheiß als zweiter Vogt (*advocatus secundus*) genannt. Im Zusammenhang mit beiden werden ferner fünf Bürger als Schöffen aufgeführt.[41] Der Stadtkommandant über-

34 Friedrich Keutgen, Urkunden zur städtischen Verfassungsgeschichte, Berlin 1901, Nr. 44.

35 Nr. 78a.

36 UBM, Nr. 21.

37 Keutgen, Nr. 78b.

38 DKII, Nr. 22.

39 Keutgen, Nr. 55. UBM, Nr. 19.

40 Schwineköper, (Anm. 29), Sp. 430.

41 Rudolf Schranil, Stadtverfassung nach Magdeburger Recht. Magdeburg und Halle (= Untersuchungen zur deutschen Staats- und Rechtsgeschichte, hrsg. von Otto von Gierke, Heft 125), Breslau 1915, S. 47 ff.

nahm seither gleichzeitig auch die Funktion des erzbischöflichen Vogtes und übte die hohe Gerichtsbarkeit aus, während der vom Erzbischof eingesetzte Schultheiß für die niedere Gerichtsbarkeit verantwortlich war. Jedoch nach wie vor bleibt der Zustand unverändert, daß sich über die Organisation des Gerichtswesens hinaus kein Beleg für die weitere Entwicklung des Magdeburger Rechts findet.

IV.

Eine neue Ära für die weitere Entfaltung Magdeburgs beginnt am Anfang des 12. Jahrhunderts, als unter König Lothar III. (von Supplinburg) die Ostpolitik aktiviert wurde. Die nun einsetzende zweite Periode der militärischen Eroberung rechtselbischer Gebiete verlief erfolgversprechender als die erste, weil sie von vorn herein mit bäuerlicher Landnahme und Siedlung verbunden war. Für Magdeburg begann sich die Grenzsituation aufzulösen. Auch der Handel nahm ganz erheblich zu. Als Metropole des Erzbischofs spielte Magdeburg auch bei der Wiederaufnahme der Missionstätigkeit in den damals nur noch formal bestehenden Bistümern Havelberg und Brandenburg eine wichtige Rolle. Mit dieser Aufgabe waren im wesentlichen die Prämonstratenser betraut, deren Begründer, Norbert von Xanten, im Sommer 1126 zum Erzbischof von Magdeburg gewählt worden war. Dieser Vertreter einer neuen strengeren Form des kanonischen Lebens der Geistlichkeit hatte durch seine harten Forderungen Klerus und Laien Magdeburgs derart gegen sich aufgebracht, daß er 1129 von Volksaufläufen bedroht war[42], hinter denen die organisierte Bürgerschaft geschlossen stand. Da er sich seines Lebens nicht mehr sicher war, floh Norbert und suchte vorübergehend Schutz im Kloster Lauterberg (Petersberg nördlich von Halle).

Nach Befriedung dieser Unruhen wandelte Erzbischof Norbert 1129 das Stift Unserer Lieben Frauen in ein Prämonstratenserstift um und machte es zum Ausgangspunkt für eine intensive Missionstätigkeit in den östlichen Gebieten. Der Orden gründete ferner rechtselbisch im Jahre 1133 das Stift Leitzkau und elf Jahre später das Stift Jerichow.

Um die Mitte des 12. Jahrhunderts nahm Magdeburg also in mehrfacher Hinsicht eine zentrale Stellung ein. Diese Stadt verstand es, ihr Ansehen als Handelsmetropole weiter zu festigen; sie war anerkannter geistiger Mittelpunkt und übte auf dem Gebiete des Rechts eine erhebliche Vorbildwirkung aus, wobei zwischen diesen Funktionen ein enger Zusammenhang bestand;

42 Walter Schlesinger, Kirchengeschichte Sachsens, Band II, Köln/Graz, S. 43.

denn die nun einsetzende rasche Verbreitung des Magdeburger Rechts östlich von Elbe und Saale ist ohne Kaufleute und Handwerker, ohne bäuerliche Siedler und ohne Geistliche in Magdeburg und im Neusiedelgebiet nicht zu denken.

Der einzigartige Vorgang der Bewidmung zunächst benachbarter, dann zusehends auch weiter entfernter Städte und Ortschaften mit Magdeburger Recht steht in engem Zusammenhang mit den im 12. Jahrhundert verstärkt einsetzenden planmäßigen Städtegründungen vor allem östlich der Elbe-Saale-Linie sowie mit den inzwischen angelaufenen Territorialisierungsbestrebungen in diesem Raum. Welche Stadt als erste Magdeburger Recht verliehen bekommen hat, ist nicht mehr ganz eindeutig festzustellen. Nach den überlieferten Urkunden zu urteilen, sind erst einmal Stendal und Leipzig mit Magdeburger Recht bewidmet worden.

Zwischen 1150 und 1170, vermutlich schon 1151, richtete der seit 1134 mit der sächsischen Nordmark, der heutigen Altmark, belehnte Askanier Albrecht der Bär im linkselbischen Stendal einen Markt ein und verlieh diesem Ort das Recht der Magdeburger Bürger (... *iusticiam Magdeburgensium civium*)[43] mit Rechtszug nach Magdeburg. Etwa um dieselbe Zeit, zwischen 1156 und 1170, erfolgte im Markengebiet östlich der Saale die Stadtgründung Leipzigs nach halleschem und magdeburgischem Recht (... *sub Hallensi et Magdeburgensi iure*...)[44] durch Markgraf Otto von Meißen. Daraus erhellt die starke Stellung der beiden Markgrafen, die das Recht einer nicht unmittelbar zu ihrem Herrschaftsgebiet gehörenden Stadt jeweils ihrer Neugründung zuordneten, was doch entweder so zu deuten ist, daß beide aus praktischen Erwägungen, wie früher schon der König, den sie im Markengebiet vertraten, auf das Vorbild des bekanntesten der in der Nähe geltenden Stadtrechte zurückgriffen oder daß sie einem dementsprechenden Vorschlag der Kaufmannschaft von Leipzig bzw. von Stendal als politisch vorteilhaft empfanden und ihm deshalb entsprachen; denn die Ansiedlungen der Kaufleute haben, von Westeuropa ausgehend, überall zur Stadtgründung angeregt. Eine Stadt konnte nur dort erfolgversprechend gegründet werden, wo sich aus den Bedürfnissen der Wirtschaft und des Verkehrs schon Anfänge städtischen Lebens entfaltet hatten. Für jeden Fürsten brachte die Herrschaft über eine Stadt wirtschaftlichen Gewinn und damit eine Macht-

43 Tzschoppe, Gustav Adolf und Stenzel, Gustav Adolf, Urkundensammlung zur Geschichte des Ursprungs der Städte und der Einführung und Verbreitung Deutscher Kolonisten und Rechte in Schlesien und der Oberlausitz, Hamburg 1832, Nr. 95.

44 Karl Friedrich von Posern-Klett, Urkundenbuch der Stadt Leipzig, I. Band, Leipzig 1868, Nr. 2.

steigerung mit sich.[45] Dementsprechend kompromißbereit mußten sie sich gegenüber den künftigen Stadtbewohnern erweisen.

Zu den bekanntesten Stadtrechten in diesem Raum wurde um die Mitte des 12. Jahrhunderts offensichtlich auch das hallesche gezählt, wie aus der Gründungsurkunde für Leipzig hervorgeht. Daraus wiederum muß mittelbar geschlossen werden, daß das Recht der Stadt Halle schon vorher auf der Grundlage des Magdeburger Rechts entstanden sein mußte; denn ein starker Einfluß Magdeburgs ist in allen halleschen Rechtsquellen zu sehen[46]. Als damals schon bedeutende Salz- und Handelsstadt im Südterritorium des Erzstiftes Magdeburg wurde in Halle wie in Magdeburg die hohe Gerichtsbarkeit vom Magdeburger Burggrafen ausgeübt, der nicht nur dreimal jährlich zu Gericht saß, sondern in Halle auch den Schultheißen für das Berggericht und den Salzgrafen für das Talgericht einsetzte[47]. Allein schon hieraus wird die weitgehende Übereinstimmung zwischen Magdeburger und Halleschem Recht verständlich.

Mit Jüterbog wurde am 29. April 1174 eine weitere Stadt[48] auf inzwischen erzstiftischem Gebiet, jetzt aber schon erheblich jenseits der Elbe gegründet. Dieser auch rechtlich bedeutsame Schritt erfolgte auf Veranlassung von Erzbischof Wichmann (vor 1116-1192),[49] der den Bürgern dieser neuen Stadt ebenfalls Magdeburger Recht verlieh. Wichmann, aus dem Geschlecht der Grafen von Seeburg stammend, muß wohl als „der bedeutendste Förderer der deutschen Siedelbewegung im 12. Jahrhundert“[50] angesehen werden, wobei er sich im wesentlichen auf niederländische Siedler stützte. Er war jedoch nicht der einzige, der Bauern, Handwerkern und Kaufleuten aus den Altsiedelgebieten unmittelbar westlich von Elbe und Saale bis hin zur Rheinmündung im Rahmen der verstärkt einsetzenden Ostsiedlung eine neue Heimat bot. Er selber fand bereits holländische Siedler in Flemmingen bei Naumburg vor, als er ihnen – damals noch als Bischof von Naumburg – im Jahre 1152 besondere Vorrechte gewährte.[51] In Naumburg, wo Bischof Wal-

45 Karlheinz Blaschke, Zur Frühgeschichte des Städtewesens in Sachsen, in: Festschrift für Walter Schlesinger, Bd. 1 (= Mitteldeutsche Forschungen 74/1), Köln/Wien 1963, S. 338.

46 Gertrud Schubart-Fikentscher, Die Verbreitung der deutschen Stadrechte in Osteuropa, Weimar 1942, S. 64.

47 Schranil, (Anm. 41), S. 264 f.

48 UBEM, Nr. 343.

49 Über ihn zuletzt Claude (Anm. 4).

50 Walter Schlesinger, Forum, villa fori, ius fori, in: ders., Mitteldeutsche Beiträge zur deutschen Verfassungsgeschichte, Göttingen 1961, S. 282.

51 Urkundenbuch des Hochstifts Naumburg, Teil 1 (967–1207), bearb. von Felix Rosenfeld, Magdeburg 1925, Nr. 148.

ram († 1111) am Anfang des 12. Jahrhunderts die ersten Siedler angesetzt hatte,[52] scheint Wichmann die entscheidenden Erfahrungen gesammelt zu haben, die ihn zum Ausbau des Magdeburger Territoriums östlich der mittleren Elbe befähigten[53]. Ähnlich wie Wichmann erteilte auch Bischof Gerung von Meißen im Jahre 1154 Siedlern aus Flandern, die sich in Kühren bei Wurzen niederließen,[54] besondere Vorrechte.

Jedoch so vereinzelt, wie die beiden überlieferten Urkunden zunächst vermuten lassen, verlief der Siedlungsvorgang keineswegs. Andere Nachrichten besagen, daß auch im Raum Eilenburg Flamen angesiedelt worden waren, und wenn auch bei Hartha und westlich von Penig der Ortsname Flemmingen auftaucht oder der flache, sandige Landrücken nördlich von Wittenberg als Fläming bezeichnet wird, kann auf flämische Siedlungen geschlossen werden, was im Hinblick auf den Fläming auch bewiesen ist. Holländer sind offenbar bis zu den Ausläufern des Erzgebirges ansässig geworden,[55] wo sie sicher mit fränkischen, vielleicht auch mit hessischen, thüringischen und sächsischen Siedlern Berührung fanden, die am Nordhang der Mittelgebirge und in einem breiteren Saum davor auf Rodungsland saßen. Doch nicht nur im erzstiftischen und im wettinischen Herrschaftsgebiet, sondern auch im askanischen sind Siedler aus Niedersachsen, Holland und Seeland angesetzt worden.

Geben auch die Quellen nur punktuell Auskunft über den Siedlungsvorgang, so lassen ergänzend eine Reihe von Ortsnamen das Bild schon deutlicher werden. Über die Stellung der Siedler im Rahmen der Gerichtsverfassung jedoch gibt es so wenig Zeugnisse, daß nur mit großer Vorsicht an eine Verallgemeinerung herangegangen werden kann. Schon eher gibt es Hinweise auf das für sie verbindliche Recht, wobei die Situation bei den neugegründeten Städten noch einigermaßen überschaubar ist, wie an den Städten Stendal, Leipzig und Jüterbog gezeigt werden konnte. Die Übernahme des Magdeburger Rechts in diesen Neugründungen, aber auch in der älteren Stadt Halle beweist erneut, wie bekannt und anerkannt das Recht der Magdeburger Schöffen damals gewesen war. Aber nicht nur Städten sondern auch größeren und kleineren Kolonistendörfern wie Poppendorf[56], auf dem rechten Elbufer gegenüber von Magdeburg gelegen, im Jahre 1164 und wie der geplanten Marktsiedlung Großwusterwitz[57] südwestlich von Brandenburg im

52 Schlesinger, (Anm. 42), S. 22.

53 Schlesinger, a. a. O., S. 24.

54 Codex Diplomaticus Saxoniae Regiae I, 2, Nr. 248.

55 Schlesinger, (Anm. 42), S. 17 f., verweist in diesem Zusammenhang auf die Chronica Slavorum Helmolds von Bosau.

56 UBEM, Nr. 310.

57 Nr. 300.

Jahre 1159 verlieh Erzbischof Wichmann Magdeburger Recht. Und doch bestand in dieser Hinsicht ein Unterschied zwischen Städten und sonstigen Siedlungen. Stadtrechtsverleihung bedeutete immer Befreiung von unmittelbarer feudaler Abhängigkeit; denn dem Stadtherrn stand die Gemeinde als Einheit gegenüber, woraus sich für den Einzelnen eine günstigere Position ergab. In den Kolonistendörfern besaßen die Bauern zwar auch ein besseres Recht und erträglichere Pflichten, aber hier war der Einzelne unmittelbar dem Dorfherrn unterworfen und zu den vorgeschriebenen Leistungen verpflichtet.[58]

Diese nach einem Ort benannten Rechtsverleihungen waren Mitte des 12. Jahrhunderts in diesem Raum üblich. Neben dem Recht von Magdeburg und von Halle erwähnen die Urkunden auch das Recht von Schartau (nordöstlich von Magdeburg), von Burg und von Lindow (Lindau nördlich von Zerbst). In anderen Diplomen finden sich aber auch Formulierungen wie „Recht der Holländer" und ähnliche. Worin der Unterschied zwischen diesen beiden Formen der Rechtsverleihung besteht, bedarf noch weiterer Untersuchungen. Möglicherweise hängt er damit zusammen, daß Gründung und Rechtsverleihung, die den Eindruck einer völlig einseitigen Festlegung durch einen einflußreichen Feudalherrn erwecken, in Wirklichkeit das Ergebnis einer Vereinbarung zwischen einem aus politischen Gründen fördernd in die Wirtschaft eingreifenden Fürsten[59] und einem Siedlungsunternehmer oder einem rechtsfähigen Verband der Kaufleute waren, die damals aber wegen der erheblichen Eingriffe in die Gerichtsverfassung in keiner anderen Rechtsform verwirklicht werden konnten als durch Privileg, dessen rechtstheoretische Einordnung noch umstritten ist[60]. Im Rahmen eines solchen Privilegs werden den Städten und den Kolonistendörfern Vergünstigungen gewährt, von denen hier zunächst die Exemtion der Neusiedlungen aus der allgemeinen Gerichtsverfassung des Landes interessiert, d. h. die Ausgliederung aus der sonst für dieses Gebiet geltenden Gerichtszuständigkeit und direkte Unterstellung unter den Fürsten oder Gewährung eines eigenen Gerichtsbezirkes mit der Möglichkeit, sogar den Richter wählen zu können. Im Privileg wird ferner das Recht einer bestimmten Stadt oder eines bereits unter Sonderrecht, unter Kolonistenrecht stehenden Ortes für zuständig erklärt oder, wenn auf kein Vorbild bezug genommen werden kann oder soll, ganz allgemein das Herkunftsrecht der Neuankömmlinge.

58 Karlheinz Blaschke, (Anm. 45), S. 339. 59 Blaschke, a. a. O., S. 338.

60 Hermann Krause, Privileg, mittelalterlich, in: HRG III Sp. 1999 ff. jetzt auch Gerhard Dilcher, Königliche Privilegienerneuerung und kirchliches Reformdenken bei Konrad III., in: Nit anders denn liebs und guets. Petershauser Kolloquium aus Anlaß des 80. Geburtstages von Karl Siegfried Bader, hrsg. von Claudieter Schott und Claudio Soliva, Sigmaringen 1986, S. 477 ff.

Eine zwangsläufige Folge dieser Sonderregelungen mußte einfach darin bestehen, daß die rechtliche Situation im Neusiedelgebiet immer komplizierter wurde. Dazu trug in diesen Gebieten auch der Aufbau der Archidiakonate bei. So war z. B. die Diözese Magdeburg untergliedert in die Archidiakonate Magdeburg, Wanzleben, Weddingen, Calbe, Köthen und Halle sowie in die Probsteien Mildensee und Pratau. Jedes stellte kirchenrechtlich einen eigenen Gerichtssprengel (Sendgericht) dar. Daraus entstand ein Nebeneinander von markgräflicher und archidiakonaler Gerichtszuständigkeit, das sich besonders bei Grundstücksübertragungen zeigte.[61] Wie erheblich allerdings die rechtlichen Unterschiede im einzelnen waren, kann nur schwer eingeschätzt werden, weil weiterhin keine Möglichkeit gegeben ist, über den Inhalt der einzelnen Rechte etwas Näheres zu erfahren. Nur ein wesentliches Charakteristikum vieler dieser Rechtsvorschriften tritt deutlicher hervor: ein ausgeprägter Rechtsformalismus. Er wurde im Rahmen der zunehmenden Bevölkerungsbewegung ganz offensichtlich als Hemmnis empfunden, wobei speziell die Prozeßgefahr, die sog. *vare* erhebliche Probleme hervorzurufen begann.

V.

Die *vare*, die Gefahr des Prozeßverlustes bei Nichteinhaltung der genau festgelegten förmlichen Verfahrensregeln wurde mehr und mehr als ungerecht und daher unzumutbar angesehen. Um dieser Schwierigkeit zu entgehen, behalfen sich die Parteien mit einem Fürsprecher.[62] Er erledigte die vorgeschriebenen Formalitäten und konnte von den Parteien unter Umständen auch korrigiert werden. Nur mußte ein solcher Prozeßhelfer auch Fremden, Kaufleuten wie Siedlern, zur Verfügung stehen. War dies nicht der Fall, wie häufig in der Fremde, so konnte die *vare* für diesen Personenkreis am auswärtigen Gericht schwierige Situationen heraufbeschwören, wenn sie nicht genau bekannten Rechtsbräuchen gegenüberstanden; denn ein einziger Fehler in Wort oder Gebärde konnte einen entscheidenden Rechtsnachteil herbeiführen. Von dieser vermutlich nicht nur holländischen, wie es zunächst erscheint, sondern generellen Eigentümlichkeit des damaligen Rechts[63] wollten sowohl die Kaufleute überall als auch die Siedler östlich von Elbe und Saale befreit sein, da ihre persönlichen und wirtschaftlichen

61 Hans Erich Feine, Kirchliche Rechtsgeschichte. Die katholische Kirche, 4. Aufl., Köln/Graz 1964, S. 218.

62 Hans Winterberg, Fürsprecher, in: HRG (I, Sp. 1333 ff.

63 Schlesinger, (Anm. 50), S. 276; für Lübeck: Wilhelm Ebel, Lübisches Recht, Bd. 1, Lübeck 1971, S. 150.

Risiken schon groß genug waren. Sie wollten nicht noch von Zufällen im Gerichtsverfahren abhängig sein. Deshalb hat Erzbischof Wichmann im Jahre 1152 die flämischen Siedler von Flemmingen südwestlich von Naumburg vor der „Tücke der Worte" (*insidiae verborum*), wie eine lateinische Bezeichnung für *vare* lautet[64], bewahrt.[65] Eine ähnliche Befreiung erteilte Wichmann wenige Jahre später[66] den Siedlern von Krakau östlich von Magdeburg (1158/1166). Diese Art von Vergünstigungen für Kaufleute, Handwerker und Bauern fernab von ihrer Heimat ist um diese Zeit urkundlich sowohl für niederländische Bauern in der Gegend um Bremen (1171) als auch für flandrische Kaufleute in Aachen und Duisburg belegt[67], aber weitergehende Wirkungen waren dort nicht zu verzeichnen. Ganz anders sah es dagegen unter den komplizierteren Bedingungen im Neusiedelgebiet aus, wo auch die Zahl der Zuziehenden wesentlich größer war.

Die Zurückdrängung der *vare* ist von Erzbischof Wichmann im Zusammenhang mit dem Ausbau des Magdeburgischen Territoriums ostwärts der Elbe, im *ducatus transalbinus*, ganz entscheidend gefördert worden. Waren es zunächst nur die Bewohner kleiner Kolonistendörfer, die in seinem Herrschaftsbereich diese Vergünstigung erhielten, so übertrug er im Jahre 1174 einer ganzen Stadt, nämlich den Bürgern von Jüterbog Magdeburger Recht und befreite sie zusätzlich von der *vare*.[68] Dabei ist zu beachten, daß unter den Stadtbürgern vermutlich auch, aber eben nicht mehr ausschließlich flämische Siedler zu verzeichnen waren. Hieraus muß doch wohl gefolgert werden, daß die Befreiung von der *vare* inzwischen offensichtlich Eingang in das Neusiedlerrecht gefunden hat[69]. Diese Ansicht wird noch dadurch erhärtet, daß die fränkischen Siedler von Taubenheim südlich von Meißen ebenfalls in gleicher Weise privilegiert wurden.[70] Die Beseitigung der vare und damit die Erleichterung der Verfahrensregeln zeigen, daß die besonderen Bedingungen, unter denen die Besiedlung dieses Raumes inganggesetzt wurde, auch eine Weiterentwicklung des Rechtes nachsichziehen mußte, was wiederum in die Altsiedelgebiete zurückzuwirken begann. Die Rechtsnormen kamen langsam in Bewegung. Das markanteste Beispiel für diesen Vorgang

64 Weitere Begriffe für *vare* sind: *captio, districtio, calumpnia verborum*, vgl. Schlesinger, (Anm. 50) S. 276. Ebel, (Anm. 63), S. 150.

65 UB des Hochstifts Naumburg I, Nr. 210. Vermutlich hat Wichmann diese Einrichtung 1147 bei der Gründung des Klosters Marienzell bei Querfurt kennengelernt (Claude, S. 121).

66 UBEM, Nr. 321.

67 Beispiele bei Schlesinger, (Anm. 50).

68 UBEM, Nr. 343.

69 Schlesinger, (Anm. 50), S. 276.

70 Codex Diplomaticus Saxoniae Regiae I,2, Nr. 523.

ist das erwähnte Privileg Erzbischof Wichmanns von 1188[71] zum Magdeburger Recht!

Der Arenga dieser Urkunde ist zu entnehmen, daß Erzbischof Wichmann mit den Würdenträgern der Kirche, mit dem Burggrafen und anderen Nobilitäten zum Trost der Stadt nach dem großen Brand vom Pfingstsonnabend übereingekommen war, offensichtlich gewordene Nachteile der bisherigen Rechtseinrichtungen zu beseitigen, indem er einige rechtliche Erleichterungen anordnete, indem er sozusagen das Recht „besserte". Die weitere Zielstellung bestand vermutlich darin, die Teilnahmslosigkeit der durch den Brand empfindlich geschädigten Bürger mit diesen ermunternden Maßnahmen zu überwinden. Es handelt sich bei den Erleichterungen vorwiegend um prozessuale Bestimmungen, im modernen Sprachgebrauch um einige Beweisregeln, die den bisherigen Formalismus im Gerichtsverfahren mildern, flexibler gestalten sollten. An erster Stelle steht die Abschaffung der *vare,* die auch in Magdeburg Gäste wie Neubürger wegen der schon erwähnten landschaftlichen Verschiedenheit der Gerichtsgebräuche erheblich benachteiligen konnte. Händler wie Siedler sollten nunmehr nicht mehr dieser unberechenbaren Gefahr ausgesetzt sein, was auch einen Anreiz für einen eventuellen Zuzug geben sollte. Diese Maßnahme kam letztlich dem gesamten Wirtschaftsleben zugute. Eine weitere Neuerung bestand darin, daß die bisherige automatische Mithaftung des Vaters für die vom erwachsenen Sohn begangenen Tötungshandlungen oder Körperverletzungen dahingehend gemildert wird, daß sich nunmehr der zur Zeit der Tat abwesende oder an ihr unbeteiligte Vater durch Zeugenbeweis entlasten kann. Dieselbe Möglichkeit wird dem bei einer Schlägerei zufällig anwesenden, aber sonst unbeteiligten Dritten eröffnet. In einer weiteren Bestimmung werden die mißbräuchliche Klageerhebung des eigentlich Schuldigen gegen den Verletzten oder die fälschliche Berufung auf Handeln von amtswegen geahndet. Ebenso werden den geflohenen, aber später entdeckten Tätern die Verteidigungsmöglichkeiten im Prozeß dahingehend verwehrt, daß sie als auf frischer Tat ertappt behandelt werden sollen.

Haben bisher Beweisregeln im Vordergrund gestanden, so gelten die folgenden Vorschriften der Prozeßbeschleunigung bei schon länger geplanter Pilgerfahrt oder Geschäftsreisen sowie generell im Fremdenprozeß, wobei sogar die Abwesenheit der Schöffen nicht mehr als Hinderungsgrund für die Urteilsbildung angesehen wird. In diesem Falle sollen andere Magdeburger Bürger als Urteiler fungieren. Ihrem Urteil wird dann ebenfalls Rechtskraft zugestanden.

71 Anm. 1. Faksimile der Urkunde und deutsche Übersetzung bei Fritz Markmann, (Anm. 2), S. 1–6.

Die letzte Bestimmung des Privilegs fällt gewissermaßen aus dem rechtlichen Rahmen. Sie vermittelt aber einen sehr guten Eindruck von den Machtverhältnissen innerhalb der Stadt Magdeburg, in der sich unter erzbischöflicher Stadtherrschaft die Bürger schon genossenschaftlich zusammengeschlossen haben und in einer eigenen Bürger- oder Gemeindeversammlung Beschlüsse fassen sowie die niedere Gerichtsbarkeit ausüben konnten. Noch besaß der *conventus civium*, das *Burding*, keine eigenen Organe.[72] Die Leitung lag in den Händen des Schultheissen, der damals noch erzbischöflicher Beamter war. Auch die Schöffen waren dem Stadtherrn verpflichtet, woraus verständlich wird, daß Erzbischof Wichmann mit seinem Privileg durchaus noch regelnd in Bürgerangelegenheiten eingreifen konnte. In der Bürgerversammlung sollten die dem Erzbischof vielfach wirtschaftlich verbundenen *meliores*, die Patrizier also, als zahlenmäßige Minderheit ein größeres Gewicht erhalten, weshalb bei Strafe „keinem Toren erlaubt sein soll, mit ungereimten Worten zu widersprechen oder dem Willen der Besseren (meliores) in irgend etwas zu widerstreben“[73], was doch sehr nach der kanonistischen Unterscheidung in „*pars maior*“ und „*pars sanior*“ klingt, nach der die besser beratene Minderheit vor der zahlenmäßigen Mehrheit geschützt werden konnte.[74] Mit dieser politischen Entscheidung zugunsten der reichen Bürger schließt das interessante Privileg, das von zwölf hochrangigen Geistlichen, von neun einflußreichen Vertretern des Adels und von elf Magdeburger Bürgern sowie von einer Reihe weiterer nicht namentlich genannter Laien und Kleriker bezeugt wurde. Sein für die damalige Zeit progressiver Inhalt wirkte beispielgebend auf weitere Neugründungen von Städten im Neusiedelgebiet.

Das Privileg von 1188 kann als weiterer Beweis dafür gelten, daß dieser vielseitige Kirchenfürst, der neben Rainald von Dassel als Berater Friedrichs I. Barbarossa häufig und erfolgreich mit Reichsgeschäften betraut war, auch an den Ausbau seines Herrschaftsgebietes zur Landesherrschaft mit Weitblick heranging. Unter seiner Regierung erreichte das Erzstift den politischen Höhepunkt. Er erwarb für das Erzstift 1166 die Reichsabtei Nienburg/Saale und 1179 den Allodialbesitz der Pfalzgrafen von Sommerschenburg. Wichmann sorgte ferner für die Stärkung seiner Metropole, indem er eine Neuordnung der Gerichtsverfassung vornahm.[75] So wurde die Gerichtsbarkeit des Schultheißen auf das Gebiet der Altstadt beschränkt und für das Suburbium und die nichtbürgerliche Bevölkerung ein Untervogt,

72 Schranil, (Anm. 41), S. 362.

73 Text bei Markmann, (Anm. 2), S. 6.

74 Ferdinand Elsener, Zur Geschichte des Majoritätsprinzips, in: ZRG KanA 42 (1956), S. 73 ff.

75 Schranil, (Anm. 41), S. 50 f., 91.

der spätere „Möllenvogt“ bestellt. Dieser Erzbischof trug auch zur Organisation der Schöffen bei, deren Zahl im Burggrafengericht während seines Pontifikats von fünf auf elf zuzüglich des Schultheißen angehoben wurde. Es entstand das Schöffenkollegium mit Selbstergänzungsrecht.

Zu den Verdiensten des Erzbischofes Wichmann gehörte auch, wie schon angedeutet, die erfolgreiche Organisation des Siedlungswesens im ostelbischen Gebiet, wo es zunächst um einzelne Dörfer, später aber um ganze Siedlungskomplexe ging, mit deren Einrichtung er die kurz zuvor eroberten Landstriche wirtschaftlich und politisch festigen wollte. Das typische Beispiel ist die Gründung von Jüterbog. Diese Stadt sollte Hauptort in einem Sieldungsverband des gleichnamigen Landes sein, zu dem die Einrichtung weiterer, jedoch kleinerer Nahmärkte (*villae fori*) geplant war.[76] Wenn es dann wie hier als zweckmäßig empfunden wurde, löste der Erzbischof die neuen Siedlungen aus dem allgemeinen Gerichtsbezirk, aus dem Landgericht heraus und ließ ein eigenes entstehen, für das er vermutlich in Abstimmung mit den Lokatoren, mit den Siedlungsunternehmern das anzuwendende Recht bestimmte. Häufig, insbesondere wenn es um die Gründung von Marktsiedlungen ging, gab er dem Magdeburger Recht den Vorzug, womit er zu einem weitgehend einheitlichen Recht in den Städten und Marktsiedlungen seines im Verhältnis zu seinen mächtigen Nachbarn kleinen Herrschaftsgebietes und ihrem wirtschaftlichen Umfeld beitrug. Dazu erschien es ihm ferner notwendig, auf das Magdeburger Recht, wie gesehen, ebenfalls positiv Einfluß zu nehmen. Alle diese durchdachten Maßnahmen hatten letztenendes zur Folge, daß sich die lange schon bestehende Vorbildwirkung des Magdeburger Rechts noch weiter verstärken konnte, weil es in der jeweils letzten Ausgestaltung den politischen und wirtschaftlichen Erfordernissen der neue Siedlungszentren am besten entsprach, und weil auch der Rechtszug nach Magdeburg oder zu den entsprechenden Tochteroberhöfen im Gegensatz zur lübischen Rechtsfamilie noch relativ leicht zu verwirklichen war.

Am Anfang des 12. Jahrhunderts bat der polnische Herzog Heinrich I. von Schlesien um eine Abschrift des Wichmannschen Privilegs von 1188 und übersandte dieses Schriftstück im Jahre 1211 seiner gerade gegründeten Stadt Goldberg (Zlotaryje), zwischen Görlitz und Liegnitz (Legnica) gelegen als maßgebende Rechtsgrundlage. Vermutlich schon wenig später erging eine undatierte Rechtsweisung an die Stadt Goldberg.[77] In diesem Zusammenhang ist nur wichtig, daß wieder einmal ein Fürst – und dieses Mal ein polnischer – seine Stadtneugründung mit Magdeburger Recht bewidmet hat, was doch wohl den vorsichtigen Schluß zuläßt, daß die Bürger dieser

76 Schlesinger, (Anm. 50), S. 277.

77 Theodor Görlitz, (Anm. 23), S: 80; über die Bedeutung der Schöffen S. 72 ff.

Stadt zum nicht geringen Teil deutscher Herkunft, vielleicht sogar Kaufleute und Händler aus Magdeburg und ihrer weiteren Umgebung waren, die den polnischen Fürsten um die Zuerkennung des Magdeburger Rechts gebeten hatten.

Die weitere Entwicklung läßt erkennen, daß ein politisch einflußreicher Fürst, der sich einmal für ein bestimmtes Recht als Vorbild für Stadtneugründungen in seinem Herrschaftsbereich entschieden hat, in der Regel bei diesem Recht blieb. Auch seine Nachfolger und nicht selten benachbarte Fürsten übernahmen ebenfalls aus politischen Erwägungen, insbesondere aus der Notwendigkeit heraus, fremde Siedler zur wirtschaftlichen Belebung ins Land holen zu müssen, dieses Muster, so daß meist eine rasche Ausbreitung des ausgewählten Rechts zu verzeichnen war. Das typische Beispiel bietet das Magdeburger Recht, das sich unter allen Siedlerrechten, zusammenfassend *ius Theutonicum* genannt, vermutlich wegen seiner Schriftlichkeit, am besten durchgesetzt hat, wobei unter der Bezeichnung Magdeburger Recht, modern gesprochen, nicht allein das materielle und das formelle Recht, sondern auch die Organisationsformen der Stadtbehörden und der Gerichtsverfassung in allen ihren Wandlungen zu verstehen sind, häufig verbunden mit der Exemtion der Neusiedler aus der örtlichen und Zubilligung einer eigenen Gerichtsbarkeit. Der Kern des Magdeburger Rechts war aber das Marktrecht,[78] das *ius fori*. Es umfaßte die Freiheit des täglichen Kaufs und Verkaufs gewerblicher Artikel, die Aufsicht über den Markt durch die Marktbewohner selber, in Magdeburg durch das Burding, sowie das Besitzrecht der freien städtischen Erbleihe an einem Grundstück. Auch die Selbstverwaltung der Bürgergemeinde in bestimmten Bereichen ist dazu zu zählen, dagegen (noch) nicht die genossenschaftliche Autonomie. Doch allein schon diese Berechtigungen stellten östlich der Elbe etwas grundsätzlich Neues und Erstrebenswertes dar, wie der Ausbreitungsprozeß dieses Stadtrechtes bezeugt, das auch für Städte und Ortschaften Böhmens und Mährens, Polens und Litauens sowie der Ukraine und Belorußlands Vorbild wurde, dort aber eine eigenständige Entwicklung durchmachte.[79]

Es ist an der Zeit, eine Bilanz zu ziehen. In der zweiten Hälfte des 12. Jahrhunderts sind wichtige Städte des Elbe-Saale-Raumes, wie Halle, Leipzig und Stendal mit Magdeburger Recht bewidmet worden,[80] das den Namen nach schon lange bestand und in den Urkunden häufig als Vorbild

78 Winfried Schich, (Anm. 4), S. 38 und 42.

79 Rolf Lieberwirth, Das sächsisch-magdeburgische Recht als Quelle osteuropäischer Rechtsordnungen (= Sitzungsberichte der Sächsischen Akademie der Wissenschaften zu Leipzig, phil.-hist. Klasse, Band 127, Heft 1), Berlin 1986, S. 33.

80 Für Halle ist der Rückschluß aus der Leipziger Gründungsurkunde zulässig.

erwähnt worden war. Diese Städte begannen nun selber als Oberhöfe für andere Städte der näheren und weiteren Umgebung östlich der Elbe-Saale-Linie zu fungieren.[81] So war Stendal Oberhof für die rechtselbischen Städte Kyritz (1237), Wittstock (1248), Neuruppin (1256) und Friedland (1244). Dieselbe Stellung nahmen Halle und mehr noch Leipzig für die Städte Naumburg, Dresden, Pirna, Döbeln, Wurzen, Oschatz, Leisnig, Rochlitz, vermutlich auch Pegau ein. Die vogtländischen Städte Plauen und Reichenbach (ab 1357) lebten ebenfalls nach Magdeburger Recht. Plauen holte sich ab 1390 Rechtsbelehrung aus Leipzig, möglicherweise auch Reichenbach. Zu den ältesten Städten mit Magdeburger Recht zählte, wie bereits erwähnt auch die Stadt Jüterbog, von der aber keine Oberhofstellung bekannt ist, was wahrscheinlich daran liegt, daß sich das Erzstift Magdeburg territorial nicht weiter als bis zum kleinen, Jüterbog benachbarten Land Dahme ausdehnen konnte. So führte der Rechtszug von Jüterbog wie auch von den Städten Jerichow, Burg und von der askanischen Stadt Zerbst direkt nach Magdeburg.

In diese Städtegruppe muß auch die Stadt Brandenburg einbezogen werden. Dieses bedeutende slawische Zentrum kam 1157 endgültig unter die Herrschaft der Askanier, die sich fortan als Markgrafen von Brandenburg bezeichneten. Sie gründeten weitere Städte nach Magdeburger Recht und bestimmten Brandenburg als Oberhof für diese Neugründungen. Zeitlich zuerst wurde Spandau mit Magdeburger Recht bewidmet (1232), dann folgten Berlin, Cölln, Alt-Landsberg, Straußberg, Falkenburg, Drossen, Müncheberg, Mittenwalde, Bernau, Nauen, Treuenbrietzen und Eberswalde. Ebenso erhielten die Städte der Herrschaft Stargard, nämlich Neubrandenburg (1248), Stargard (1259) und Alt-Strelitz, das Recht Brandenburgs und damit mittelbar Magdeburger Recht. Aus der frühen Oberhofstellung Brandenburgs ist zu schließen, daß diese Stadt zwischen 1157 und 1232, höchstwahrscheinlich um 1190, ebenfalls mit Magdeburger Recht bewidmet worden sein mußte.

Von den Tochterstädten Brandenburgs wurde das Berliner Recht weitergegeben an Frankfurt (1253), Müllrose und mit Spandauer Recht an Rathenow. Spandau erhielt gleichzeitig mit der Verleihung brandenburgischen Rechts die Stellung als Oberhof für alle Orte der Länder Teltow, Glin und Barnim. Straußberg war Oberhof für die Orte Soldin (Myślibòrz), Wriezen Berlinchen (Barlinek), Landsberg (Gorzòw Wielkopolski) Küstrin (Kostrzyn), Zellin, Bärwalde (Mieskowice), Werneuchen und Nienburg.

Auch die pommerschen Fürsten bewidmeten einige ihrer Städte mit Magdeburger Recht. Den Anfang machte die Stadt Prenzlau im Jahre 1235.

81 Zum folgenden Schubart-Fikentscher, (Anm. 46), S. 57 ff.

Ihr folgte 1237 Stettin (Szczecin). Diese wichtige Stadt an der Odermündung wurde Oberhof für alle nach Magdeburger Recht lebenden Städte Pommerns, von denen dann aber die meisten auf lübisches Recht umgesetzt wurden.

In den Lausitzen faßte das Magdeburger Recht ebenfalls Fuß.[82] Im Land Budissin, der späteren Oberlausitz, war Görlitz der wichtigste Ort. Er erhielt vermutlich schon im frühen 13. Jahrhundert, spätestens aber 1303 durch Markgraf Hermann von Brandenburg und der Lausitz Magdeburger Recht verliehen und wurde Oberhof für Lauban (Lubań), Rothenburg, Marklissa (Leśna), Reichenbach, Weißenberg, Seidenberg (Zawidòw) und Bernstadt. Auch Bautzen, Zittau und Kamenz sind zum Magdeburger Rechtskreis zu zählen. Bautzener Recht wurde an Pulsnitz, Wittichenau und Löbau sowie an die böhmischen Städte Trautenau (Trutnov) und Königinhof (Dvûr Královė) verliehen. Zittau war Oberhof für elf Ratsdörfer sowie für Ostritz, Gabel (Jablonné) und Böhmisch Leipa (Česka Lîpa). Auch Prag und Leitmeritz (Litomĕřice) suchten in Zittau Rechtsbelehrung. Zu den Oberhöfen Magdeburger Rechts zählten in der Niederlausitz Cottbus für einen kleinen Kreis namentlich nicht mehr bekannter Ortschaften und Luckau für die Orte Beeskow, Lübben, Lübbenau, Peitz und Calau. Nicht mehr nachweisbar ist eine zentrale Stellung im Recht für Guben, der Hauptstadt der Niederlausitz. Dieser Ort hatte schon 1235 Magdeburger Recht erhalten. Das Gubener Recht wurde zwar 1283 an Sommerfeld und sehr spät auch an Lieberose (1532) verliehen, aber eine Oberhofstellung läßt sich daraus nicht herleiten. Für Fürstenberg an der Oder (heute Eisenhüttenstadt) galt von alters her Magdeburger Recht. Ob diese Stadt schon vor 1281 bewidmet worden war, ist nicht ganz sicher. Welcher Oberhof für Fürstenberg zuständig war, bedarf noch der Klärung. Das gilt auch für Sorau (Żary) und Spremberg, die nach Magdeburger Recht lebten, und vermutlich für Sagan (Zagań), Krossen (Krosno Odrzańskie), Forst und Muskau, bei denen die Quellenlage noch ungünstiger ist. Südlich der Mittelgebirge, genauer im Raum Böhmen und Mähren, sowie östlich der Oder nahm der Ausbreitungsprozeß seinen stetigen Fortgang, ohne daß darauf hier näher eingegangen werden kann. Die Zahl der nach Magdeburger Recht lebenden Städte und Ortschaften nimmt weiter zu. In der zweiten Hälfte des 14. Jahrhunderts wird schon von 400 gesprochen.[83]

82 Walter Becker, Magdeburger Recht in der Lausitz (= Deutschrechtliche Forschungen, 3. Heft), Stuttgart 1931.

83 Gustav Homeyer, Johannes Klenkok wider den Sachsenspiegel (= Abhandlungen d. Kgl. Akademie der Wissenschaften zu Berlin), Berlin 1856, S. 421.

VI.

Die Erzbischöfe von Magdeburg und hier besonders der für die wirtschaftliche und rechtliche Entwicklung der Stadt so wichtige Wichmann, die ihre Herrschaft zielstrebig ausbauenden Askanier und Wettiner sowie schließlich die einflußreichen Piastenherzöge im polnischen Schlesien haben, wie gezeigt, wesentliche Voraussetzungen für die Verbreitung des Magdeburger Rechts zunächst erst einmal zwischen Elbe und Oder geschaffen. Diese Entwicklung hatte schon zu einer Zeit eingesetzt, als der später so berühmte Sachsenspiegel noch gar nicht aufgezeichnet worden war, womit natürlich keine Aussage über das Alter und die Qualität des ihm zugrundeliegenden Rechts getroffen wird. Da der Sachsenspiegel aber ebenfalls ein geistiges Produkt des ostsächsischen Raumes ist, stellt sich zwangsläufig die Frage nach dem Verhältnis dieses Rechtsbuches zum Magdeburger Recht.

Zunächst fallen gravierende Unterschiede auf. Der Sachsenspiegel ist eine private Aufzeichnung des im ersten Drittel des 13. Jahrhunderts geltenden Land- und Lehnrechts Ostsachsens, so wie es von seinem Verfasser gesehen wurde. Das Magdeburger Recht stellt demgegenüber das tatsächlich geltende Recht einiger Städte und Großsiedlungen dieses und des angrenzenden Gebietes dar. Es ist inhaltlich wie auch die anderen Rechte jener Zeit nur in groben Umrissen und in wenigen Einzelbestimmungen erkennbar, während der Sachsenspiegel in einer gewissen Ordnung mit einer Vielzahl von einzelnen Regeln aufwarten kann. War dieser Gegensatz beabsichtigt, dann müßte die Motivation zur Aufzeichnung des Sachsenspiegels in einer inzwischen eingetretenen Unübersichtlichkeit der rechtlichen Situation beiderseits der Elbe-Saale-Linie gesucht werden, wo die Vielfalt des sich stark ausbreitenden Stadtrechts, das inzwischen aus der alten Rechts- und Gerichtsordnung ebenso ausgegliedert war, wie Recht und Gericht der Neusiedler, die aus den verschiedensten Rechtslandschaften hierher kamen, zu einer Neuordnung zwang; denn bei so viel Ausnahmen mußte zwangsläufig nach der Regel gesucht werden, also nach dem an sich für alle geltenden Recht und der entsprechenden Gerichtsorganisation. Von Letzterer ist auszugehen, da auch im Markengebiet bestimmte Gerichtsbezirke erkennbar sind, deren Zuständigkeiten allerdings in den Gebieten östlich der Elbe kompliziert genug waren. Wenn es demgegenüber den Anschein hat, daß die rechtliche Situation in den Altsiedelgebieten unmittelbar westlich von Elbe und Saale und im Markengebiet zwischen Saale und Mulde, zum Teil auch darüber hinaus bis zur Elbe relativ gefestigt war, so drohte auch hier, die Übersicht manchmal verloren zu gehen. Schon in der Sachsenspiegel-Vorrede „von der herren geburt" werden eine Reihe von vornehmen Familien herkunftsmäßig dem schwäbischen, fränkischen, nordschwäbischen und dem sächsischen

Stamm zugeordnet und damit das entsprechende Stammesrecht als für sie verbindlich erklärt. Auch lebte die unterworfene slawische Bevölkerung weiterhin nach ihrem Recht, was die rechtliche Lage keineswegs erleichterte. Es war somit an der Zeit, das für die Mehrheit geltende Recht, das sich im Markengebiet auf der Grundlage des sächsischen Stammesrechts unter dem Einfluß von Siedelbewegung und Städtebildung herausschälende Landrecht Ostsachsens aufzuzeichnen und damit allgemein bekannt zu machen. Der Sachsenspiegel war das Ergebnis. Er trug entscheidend dazu bei, daß auch im Recht die bisher vorherrschende Sprechkultur abgelöst und der Schriftkultur zum Durchbruch verholfen wurde, wie es sich in der Folgezeit zeigte.

Die weitere Entwicklung von Sachsenspiegel und Magdeburger Recht ist dadurch gekennzeichnet, daß das Interesse am Sachsenspiegel-Text stieg. Er wurde abgeschrieben, ergänzt und fand in einem immer größer werdenden Raum Verbreitung. Vermutlich hat sein Vorbild dazu angeregt, das Magdeburger Recht nun ebenfalls aufzuzeichnen, und so entstanden die Rechtsbücher Magdeburger Rechts[84]. Den Anfang machte zwischen 1235 und 1250, vermutlich schon 1238, die Weichbildchronik, der zwischen 1257 und 1261 das Weichbildrecht, auch Rechtsbuch von der Gerichtsverfassung genannt, folgte. Um 1270 trat schließlich das Magdeburger Schöffenrecht hinzu. Diese drei Rechtsbücher sind dann um 1300 zur sog. Weichbildvulgata vereinigt worden. In dieser Form wurde das Magdeburger Recht ins Lateinische und ins Tschechische übersetzt. Eine polnische Bearbeitung des Lateinischen Textes liegt ebenfalls vor. Der Praxis angepaßte Weiterentwicklungen sind das Magdeburg-Breslauer Systematische Schöffenrecht (1359/1386), das Glogauer Rechtsbuch (1386), der „alte Kulm“ (um 1394), die Magdeburger Fragen (1386/1400), die neun Bücher Magdeburger Rechts (1400/1402), die Landläufigen Kulmischen Rechte (Mitte 15. Jh.) und das Danziger Schöffenbuch (15. Jh.). Auf Einzelheiten muß an dieser Stelle verzichtet werden. Doch auf eine Feststellung muß aufmerksam gemacht werden.

Sachsenspiegel und Magdeburger Recht gingen schon früh und im Laufe der Zeit auch zunehmend eine enge Verbindung ein, die sowohl auf den Inhalt als auf die Form zutrifft. Schon im Jahre 1235 verarbeiteten die halleschen Schöffen in ihrer Rechtsmitteilung an die Stadt Neumarkt in Schlesien (Sroda Śląski) auch Bestimmungen des Sachsenspiegels, wie es in ähnlicher Form auch in den Magdeburger Rechtsbüchern, im Zwickauer Stadtrechtsbuch, im Meißner Rechtsbuch, in den Eisenacher Rechtsbüchern und

84 Gustav Homeyer, Die deutschen Rechtsbücher des Mittelalters und ihre Handschriften, neubearb. von Conrad Borchling, Karl August Eckhardt und Julius von Gierke, Weimar 1931/1934, S. *30 ff.

im Liegnitzer Stadtrechtsbuch zu verzeichnen ist. Eine direkte Verschmelzung von Weichbildvulgata und Sachsenspiegel stellt das auch ins Slowakische übersetzte Silleiner Rechtsbuch[85] dar, worin sich nicht nur die enge Verwandtschaft der Quellen ausdrückt, sondern auch die Bedürfnisse der Praxis sichtbar werden. Die enge Verbindung von Sachsenspiegel und Magdeburger Recht zeigt sich aber nicht nur in den erwähnten Rechtsbüchern sondern auch in zahlreichen Handschriften. So enthalten von 84 Handschriften mit Texten des Weichbildrechts 55 zugleich auch Texte des Sachsenspiegels. Dieses Zweidrittelverhältnis kehrt auch bei den lateinischen Übersetzungen wieder. Die Handschriften mit glossierten Texten des Weichbildrechts weisen dagegen nur zur Hälfte auch glossierte Sachsenspiegel-Texte auf.[86] Hier haben offensichtlich die Bedürfnisse der Praxis zur Zusammenführung beider Rechtsquellen geführt. Meist traten auch noch andere hinzu, wie z. B. das Magdeburger Dienstmannenrecht in 21 Handschriften oder die verschiedenen Rechtsgangbücher.[87]

VII.

Es ist eingangs immer wieder darauf hingewiesen worden, daß sich das Magdeburger Recht, was immer darunter im Einzelnen auch zu verstehen war, schon früh herausgebildet hat, daß uns sein Inhalt jedoch lange Zeit verborgen geblieben ist, bis Erzbischof Wichmann mit seiner für die Weiterentwicklung und Verbreitung des Magdeburger Rechts wichtigen Korrektur einen kleinen inhaltlichen Einblick gewährte. Die seit Mitte des 13. Jahrhunderts nach und nach entstandenen Magdeburger Rechtsbücher haben weiteres zum Inhalt beigetragen, ohne jemals Vollständigkeit zu erreichen. Doch dieses so berühmt gewordene Stadtrecht in allen Einzelheiten, vielleicht sogar systematisch geordnet zu erfassen, wäre für die Wissenschaft außerordentlich wünschenswert, bedürfte aber einer mühseligen Kleinarbeit; denn es müßte auch die wichtigste Quelle des Magdeburger Rechts mit herangezogen werden: die Rechtssprüche und -mitteilungen der Magdeburger Schöffen in ihrer Gesamtheit. Doch ihre Akten waren bei der Zerstörung Magdeburgs durch die Truppen Tillys am 10. Mai 1631 mit Schöffenhaus und Archiv verbrannt. Die seit Ende des 19. Jahrhunderts einsetzenden, durchaus beachtenswerten Versuche, über die Empfängerseite zur Rekonstruktion des ehemaligen Bestandes zu gelangen, standen ebenfalls unter

85 Das Stadtrechtsbuch von Sillein. Einleitung, Edition und Glossar von Ilpo Tapani Piirainen, Berlin/New York 1972.

86 Für die Bereitstellung des Materials bin ich Frau Dr. phil. Dagmar Hüpper (Münster) zu Dank verpflichtet.

87 Homeyer, (Anm. 84), S.*41 ff.

keinem guten Stern. Die erneute Zerstörung Magdeburgs im Jahre 1945 hat das inzwischen gesammelte umfangreiche Material wieder vernichtet, so daß im Grunde von vorn angefangen werden muß. Vor wenigen Jahren sind erfreulicherweise entsprechende Arbeiten wiederaufgenommen worden und eine erste Quellensammlung erschienen,[88] weitere sind in Vorbereitung. Diesem langfristig angelegten Unternehmen ist voller Erfolg zu wünschen, damit endlich ein umfassender Einblick in den wesentlichen Inhalt des Magdeburger Rechts gewährt werden kann, wie er uns in Ansätzen erstmals 1188 durch Erzbischof Wichmann beschieden war.

88 Friedrich Ebel, Magdeburger Recht, Band 1: Die Rechtssprüche für Niedersachsen (= Mitteldeutsche Forschungen 89/1), Köln/Wien 1983. Ders. Die Spruchtätigkeit des Magdeburger Schöppenstuhls für Niedersachsen, in: ZRG GermA 98 (1981), S. 30 ff.

Band 125

Heft 1 Prof. Dr. ERNST EICHLER, Reinhold Trautmann und die deutsche Slawistik. Mit einem Beitrag von Gerald Wiemers 1984. 74 Seiten – 1 Tafel – 8° – M 8,–

Heft 2 Prof. Dr. SIEGFRIED WOLLGAST, Zur Stellung des Gelehrten in Deutschland im 17. Jahrhundert 1984. 79 Seiten – 1 Abb. – 8° – M 7,50

Heft 3 Prof. Dr. Dr. h. c. EBERHARD POPPE, Universität der Menschenrechte – Idee und Realität 1985. 20 Seiten – 8° – M 3,–

Heft 4 Prof. Dr. RUDOLF FORBERGER, Vom künstlerisch gestalteten Hartporzellan Böttgers zum technischen Porzellan im 19. Jahrhundert 1985. 30 Seiten – 4 Tafeln – 8° – M 4,–

Heft 5 Prof. Dr. GERHARD DUDEK, Die Brüder Karamasow – Zur Struktur der Romane F. M. Dostojewskis 1985. 45 Seiten – 8° – M 4,50

Heft 6 Prof. Dr. ULRICH RICKEN, Probleme des Zeichens und der Kommunikation in der Wissenschafts- und Ideologiegeschichte der Aufklärung 1985. 63 Seiten – 8° – M 6,–

Band 126

Heft 1 Prof. Dr. EBERHARD BRÜNING, Ernest Hemingway – Humanist und Antifaschist 1985. 36 Seiten – 8° – M 4,–

Heft 2 Prof. Dr. ERNST ULLMANN, Von der Macht der Bilder – Kunst und Reformation 1985. 25 Seiten – 16 Tafeln – 8° – M 5,–

Heft 3 Prof. Dr. ERICH DONNERT, Neue Wege im russischen Geschichtsdenken des 18. Jahrhunderts 1985. 73 Seiten – 8° – M 7,50

Heft 4 Prof. Dr. ALBRECHT NEUBERT, Dichtung und Wahrheit des zweisprachigen Wörterbuchs 1986. 23 Seiten – 8° – M 3,–

Heft 5 Prof. Dr. HANS HIEBSCH, Probleme der „sozialen Kognition" 1986. 29 Seiten – 8° – M 3,–

Heft 6 Dr. DETLEF DÖRING, Die Beziehungen zwischen Johannes Kepler und dem Leipziger Mathematikprofessor Philipp Müller. Eine Darstellung auf der Grundlage neuentdeckter Quellen und unter besonderer Berücksichtigung der Astronomie an der Universität Leipzig 1985. 54 Seiten – 1 Farbtafel – 8° – M 7,–

Heft 7 Dr. phil. SYBILLE BLUM, Wortschatz und Übersetzungsleistung in den althochdeutschen Canonesglossen. Untersuchungen zur Handschrift Frankfurt am Main Ms. Barth. 64 1986. 93 Seiten – 8° – M 9,–

Band 127

Heft 1 Prof. Dr. ROLF LIEBERWIRTH, Das sächsisch-magdeburgische Recht als Quelle osteuropäischer Rechtsordnungen 1986. 34 Seiten – 1 Farbtafel – 8° – M 6,–

Heft 2 Prof. Dr. DIETER WITTICH, Zur Entstehungs- und Rezeptionsgeschichte von W. I. Lenins Werk „Materialismus und Empiriokritizismus" 1986. 36 Seiten – 8° – M 4,50

Heft 3 Prof. Dr. RUDOLF FORBERGER, Die Widerspiegelung der Industriellen Revolution in Sachsen (1800–1861) in der zeitgenössischen Belletristik 1987. 48 Seiten – 12 Abbildungen – 8° – M 6,–

Heft 4 Dr. phil. JULIANE BRANDSCH, Bezeichnungen für Bauern und Hofgesinde im Althochdeutschen 1987. 74 Seiten – 4 Tafeln – 8° – M 7,–

Heft 5 Prof. Dr. GERHARD DUDEK, I. S. Turgenjews „Rudin" – individuelle Romanform und Romantypus 1987. 33 Seiten – 6 Tafeln – 8° – M 5,–

Heft 6 Prof. Dr. GOTTHARD LERCHNER, Literarischer Text und kommunikatives Handeln 1987. 74 Seiten – 8° – M 7,50

Heft 7 Prof. Dr. RIGOBERT GÜNTHER, Die sozialutopische Komponente im frühen Christentum bis zum 2. Jahrhundert 1987. 19 Seiten – 8° – M 3,–

Band 128

Heft 1 Prof. Dr. SIEGFRIED WOLLGAST, Ehrenfried Walther von Tschirnhaus und die deutsche Frühaufklärung 1988. 93 Seiten – 8° – M 7,50

Heft 2 Prof. Dr. ERNST EICHLER, Dr. GERALD WIEMERS, Zwei Beiträge zur Geschichte der Slawistik 1988. 54 Seiten – 8° – M 6,–

Heft 3 Prof. Dr. FRIEDRICH MÖBIUS, Die Dorfkirche im Zeitalter der Kathedrale (13. Jh.) Plädoyer für strukturgeschichtliche Vertiefung des Stilbegriffs 1988. 67 Seiten – 52 Abbildungen – 8° – M 10,50

Heft 4 Prof. Dr. JACQUES D'HONDT, Hegel und Frankreich 1988. 18 Seiten – 8° – M 3,–

Heft 5 Prof. Dr. EBERHARD POPPE, Menschenrechte im Wandel 1988. 24 Seiten – 8° – M 3,–

Heft 6 Prof. Dr. KLAUS MYLIUS, Zur Erschließung der altindischen Ritualliteratur: Āsvalāyana-Śrautasūtra V und VI 1989. 107 Seiten – 8° – M 9,–

Band 129

Heft 1 Prof. Dr. Ernst Werner, Die hussitische Revolution: Revolutionsbegriff und Revolutionsergebnis im Spiegel marxistischer, insonderheit tschechoslovakischer Forschungen 1989. 38 Seiten – 8° – M 4,50

Heft 2 Dr. Detlef Döring, Samuel Pufendorf und die Leipziger Gelehrtengesellschaften in der Mitte des 17. Jahrhunderts 1989. 40 Seiten – 8° – M 5,–

Heft 3 Prof. Dr. Ulrich Ricken, Leibniz, Wolff und einige sprachtheoretische Entwicklungen in der deutschen Aufklärung 1989. 78 Seiten – 8° – M 7,00

Heft 4 Prof. Dr. Lieselotte Blumenthal, Schillers Freund Harbaur 1989. 30 Seiten – 8° – M 4,–

Heft 5 Prof. Dr. Siegfried Wollgast, Karl Christian Friedrich Krause (1781–1832) – Anmerkungen zu Leben und Werk 1990. 128 Seiten – 8° – M 13,–

Heft 6 Prof. Dr. Hans-Georg Werner, Über die Modernität der literarischen Romantik in Deutschland 1989. 36 Seiten – 8° – M 4,50

Band 130

Heft 1 Prof. Dr. Ernst Ullmann. Das Müchner Leonardo-Fragment und der Hauptaltar der SS. Annunziata in Florenz *In Vorbereitung*

Heft 2 Prof. Dr. Eberhard Brüning, Eugene O'Neill und die Mündigkeit des amerikanischen Theaters *In Vorbereitung*

Heft 3 Prof. Dr. Rolf Lieberwirth, Das Privileg Erzbischofs Wichmann und das Magdeburger Recht *Vorliegendes Heft*

Heft 4 Prof. Dr. Rigobert Günther, Klassen, Stände und Schichten in der antiken Gesellschaftsordnung *In Vorbereitung*

Heft 5 Prof. Dr. Dieter Wittich, Dr. sc. Horst Poldrack, Der Londoner Kongreß zur Wissenschaftsgeschichte 1931 und das Problem der Determination von Erkenntnisentwicklung *In Vorbereitung*

Heft 6 Prof. Dr. Karl Czok, Dr. sc. Helmut Bräuer (Hrsg.), Studien zur älteren sächsischen Handwerksgeschichte *In Vorbereitung*

Band 131

Heft 1 Prof. Dr. Ernst Eichler (Hrsg.), August Leskiens Vorlesungen zur vergleichenden Grammatik der slawischen Sprachen *In Vorbereitung*

Einzel- oder Fortsetzungsbestellung durch eine Buchhandlung erbeten
Sitzungsberichte bis Band 108
durch das Zentralantiquariat der Deutschen Demokratischen Republik, Leipzig,
ab Band 109 durch die Universitätsbuchhandlung, 7010 Leipzig,
zum Teil noch lieferbar

AKADEMIE-VERLAG BERLIN
1990
Leipziger Straße 3–4, Berlin, DDR - 1086

ISBN 3-05-001042-8
ISSN 0138-3957

Kolibri 360 GmbH
Ferdinand-Jühlke-Straße 7
99095 Erfurt, Deutschland
produktsicherheit@kolibri360.de